Is le

....

....

an leabhar seo

Tá Siondróm Down ar Lára

Scríofa ag Jennifer Moore-Mallinos
Maisithe ag Marta Fàbrega
Leagan Gaeilge le Tadhg Mac Dhonnagáin

Futa Fata

An bhfuil cara speisialta agatsa?

Tá agamsa! Lára is ainm di agus is í an cara is fearr dá bhfuil agam. Casadh Lára orm ag campa spraoi an samhradh seo caite. Téim chuig an gcampa spraoi gach bliain. Anuraidh an ceann ab fhearr fós. Is ann a chas mé ar Lára.

Thosaigh an campa anuraidh mar a thosaigh sé gach bliain eile. Roinneadh na páistí ar fad ina ngrúpaí. Bhí grúpa ann do na páistí ab óige, grúpa do na páistí sa lár, agus ceann eile fós don dream ba shine. Bhí mise sa ghrúpa sa lár. Páistí a bhí seacht, ocht nó naoi mbliana d'aois a bhí i mo ghrúpa-sa. Bhí mise ocht mbliana.

Bhí cinnire ag gach grúpa. Máire Treasa ab ainm don chinnire a bhí ar mo ghrúpa-sa. Bhí sí an-deas go deo! Bhíodh rud éigin difriúil ar siúl againn gach lá. Chuamar ag iascach lá amháin. Chuamar ag snámh lá eile. Uaireanta, bhíodh cluiche cispheile againn, nó cluiche leadóg boird, má bhí lá fliuch ann. Gach Aoine, bhíodh ealaín agus ceardaíocht againn. Agus den chéad uair anuraidh, bhí gach duine sa champa páirteach i seó mór tallainne – fiú na páistí beaga!

 Ag deireadh na chéad seachtaine, dúirt Máire Treasa linn go mbeadh duine nua ag teacht isteach sa ghrúpa an Luan dar gcionn. Lára ab ainm di. Dúirt Máire Treasa go mbeadh cúnamh gach duine sa ghrúpa ag teastáil uaithi chun fáilte a chur roimh Lára. Dúirt sí chomh maith go raibh duine amháin ag teastáil le bheith mar chara speisialta ag Lára.

"Céard fútsa, a Róise?" a deir Máire Treasa. "Ar mhaith leatsa a bheith mar chara speisialta ag Lára?" Bhí Máire Treasa tar éis ceist a chur ormsa, mar go raibh mise ag teacht chuig an gcampa le cúpla bliain anuas agus cheap sí go mbeinn go maith ag tabhairt cúnaimh do Lára.

"Beidh Róise ag tabhairt cúnaimh speisialta do Lára" a dúirt Máire Treasa leis an ngrúpa ar fad. "Ach beidh cúnamh gach duine ag teastáil. Tá Siondróm Down ar Lára. Ciallaíonn sé sin go mbeidh cúnamh ag teastáil uaithi le cuid de na rudaí a bhíonn ar siúl againn, go háirithe an seó tallainne"

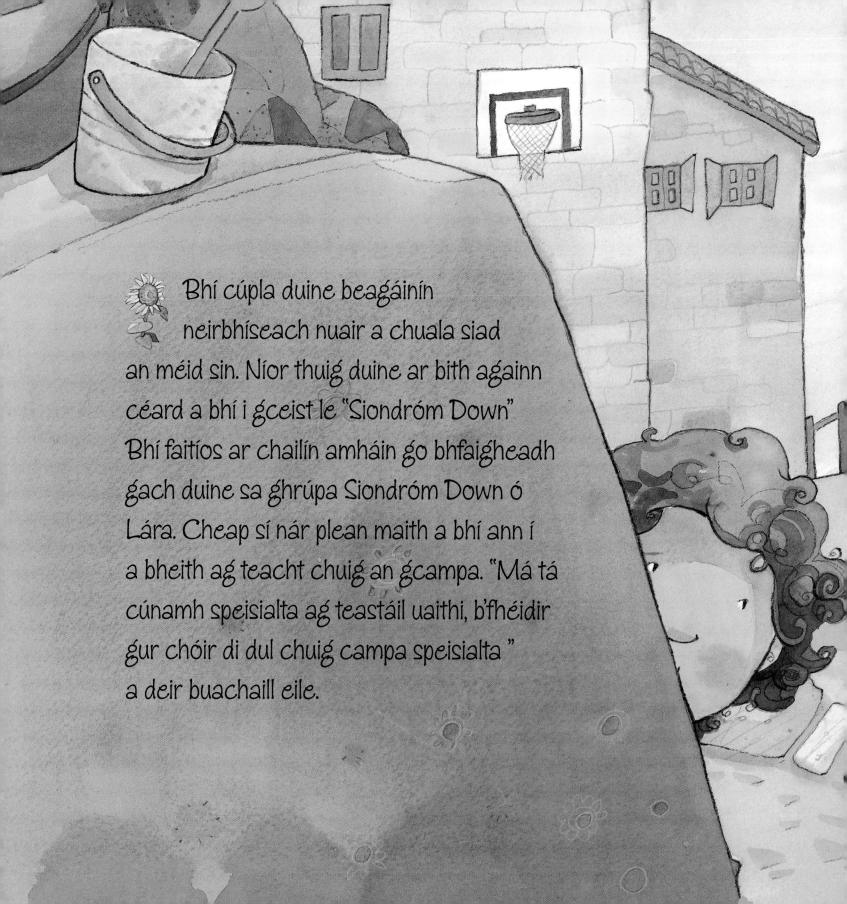

Bhí cúpla duine beagáinín neirbhíseach nuair a chuala siad an méid sin. Níor thuig duine ar bith againn céard a bhí i gceist le "Siondróm Down" Bhí faitíos ar chailín amháin go bhfaigheadh gach duine sa ghrúpa Siondróm Down ó Lára. Cheap sí nár plean maith a bhí ann í a bheith ag teacht chuig an gcampa. "Má tá cúnamh speisialta ag teastáil uaithi, b'fhéidir gur chóir di dul chuig campa speisialta " a deir buachaill eile.

"Seo campa le haghaidh gach cineál páiste" a deir Máire Treasa . "Beidh Lára breá sásta anseo" Mhínigh sí ansin dúinn go dtagann daoine le Siondróm Down ar an saol agus géin sa bhreis acu. "Géin? Céard é sin?" a dúramar. Dúirt sí go bhfuil géinte istigh ionainn ar fad. Rudaí beaga bídeacha iad a leagann amach cén sórt daoine a bheidh ionainn – cén dath gruaige a bheidh orainn, cé chomh hard is a bheimid, cén sórt fiacla a bheidh againn agus mar sin de.

Mhínigh Máire Treasa dúinn go bhfuil géin ag daoine a bhfuil Siondróm Down acu, géin a dhéanann cosúil lena chéile iad. Is minic go mbíonn lámha agus cosa gearra acu, cluasa beaga agus béal beag. Bíonn súile móra acu agus éadan leathan. Roinnt daoine a bhfuil Siondróm Down orthu, bíonn sé deacair orthu rudaí a chloisteáil ná a fheiceáil. Cuid eile acu, tógann sé níos faide ná daoine eile orthu rudaí a fhoghlaim. "Agus an bhfuil a fhios agaibh rud eile?" a deir Máire Treasa. "Roinnt daoine a bhfuil Siondróm Down orthu, bíonn siad ina n-aisteoirí nuair a fhásann siad suas".

An chéad lá ar chas mé
ar Lára, bhí mé beagán
neirbhíseach. Céard a tharlódh
mura mbeadh Lára ag iarraidh
go mbeinnse mar chara aici?
"Bí mar a bhíonn tú i gcónaí" a dúirt
mo Mhamaí "agus lig do Lára a hintinn
féin a dhéanamh fút" Agus sin é go
díreach a rinne mé. Agus ba
ghearr go rabhamar beirt
ag gáire agus ag spraoi le
chéile. Cheap Lára
go raibh mise
~ an-ghreannmhar!

Bhí Lára mall go leor ag cuid de na himeachtaí spóirt
a bhí ar siúl sa champa – rásaíocht agus rith go mórmhór.
Bhí sí go han-mhaith ag rudaí eile. Bhí sí go hiontach ag
ealaín agus ceardaíocht, go háirithe ag déanamh potaí agus
rudaí as cré. Bhí sí in ann slám cré a thógáil ina
lámha agus pláta nó muga álainn a dhéanamh as.
Nuair a bhíomar le canadh ag an seó tallainne, bhí mise
an-neirbhíseach agus cúthaileach. "Tá tusa go hiontach, a
Róise" a dúirt Lára liom. Thug sí misneach dom agus bhí
mé go breá!

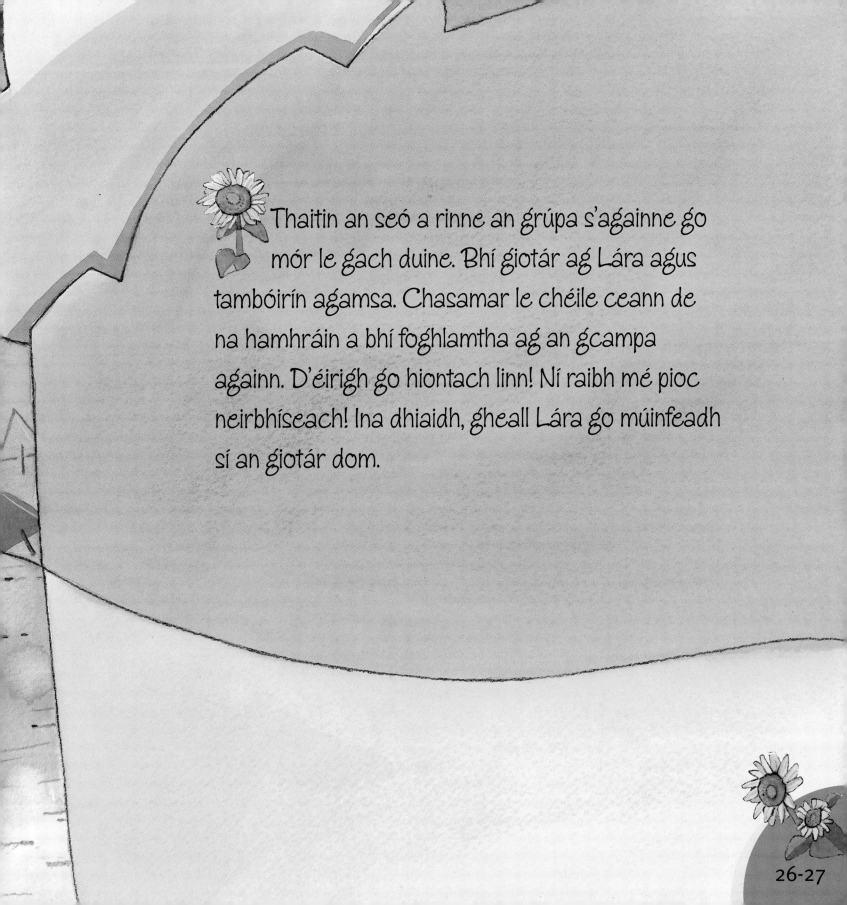

Thaitin an seó a rinne an grúpa s'againne go mór le gach duine. Bhí giotár ag Lára agus tambóirín agamsa. Chasamar le chéile ceann de na hamhráin a bhí foghlamtha ag an gcampa againn. D'éirigh go hiontach linn! Ní raibh mé pioc neirbhíseach! Ina dhiaidh, gheall Lára go múinfeadh sí an giotár dom.

Táim féin agus Lára inár gcairde móra ón lá sin a chasamar ar a chéile ag an gcampa. Tá Lára ag múineadh an ghiotáir dom i gcónaí. Bíonn cúnamh uaimse le rudaí áirithe chomh maith, ach an oiread le Lára. Sin mar a bhíonn i measc cairde!

Nóta do na daoine fásta

An aidhm atá leis an leabhar seo ná cúnamh a thabhairt do pháistí agus do dhaoine fásta a aithint go bhfuil Siondróm Down ann agus fáil réidh leis na baic atá idir páistí a bhfuil an siondróm orthu agus iad siúd nach bhfuil. Léiríonn sé chomh maith gur daoine cumasacha iad páistí Siondróm Down, daoine atá in ann páirt ghníomhach a ghlacadh sa ghnáthshaol.

Bíonn Siondróm Down ar dhuine de bharr cúrsaí a bhaineann leis na géinte (genes) – tagann siad ar an saol le crómasóm breise, rud a fhágann go mbíonn 47 crómasóm acu, seachas 46 ceann. An t-eolaí Langdon Down a d'aithin an siondróm den chéad uair, sa bhliain 1887. Níor thángthas ar an eolas faoin gcrómasóm breise go dtí an bhliain 1959.

Tá roinnt tréithe fisiciúla a bhíonn ag páistí siondróm Down – bíonn a súile claonta in airde, bíonn éadan leathan orthu, bíonn teanga níos mó ná an meán acu agus bíonn líne nó roc aonair trasna ar bhos na láimhe acu.

Cé go bhfásann páistí Siondróm Down ag ráta níos moille ná an meán, éiríonn leo céimeanna éagsúla forbartha a bhaint amach. Is minic nach mbíonn páistí siondróm Down chomh hard le páistí eile dá n-aois.

Bíonn éagsúlacht cumais ann ó dhuine go duine maidir le forbairt chognaíoch (cognitive development) – uaireanta, míchumas beag a bhíonn ann, uaireanta eile bíonn sé níos mó. Uaireanta bíonn siad níos deireanaí ná an meán ó thaobh cumas cainte a fhorbairt agus ó thaobh scileanna mínluaileacha (fine motor skills) agus scileanna oll-luaileacha (gross motor skills) a fhorbairt. Bíonn moill uaireanta chomh maith maidir leis an ráta forbartha ar scileanna sóisialta, scileanna mothúchánacha, agus ar fhorbairt intleachtúil.

Bíonn deacrachtaí éisteachta ag cuid acu agus ní bhíonn radharc na súl go maith ag cuid eile acu. Is minic go gcuireann na deacrachtaí sin isteach ar scileanna teanga agus ar chumas foghlama. Uaireanta, bíonn fadhbanna croí acu.

Deacrachtaí sláinte eile a bhíonn i gceist uaireanta chomh maith ná fadhbanna tíoróideacha (thyroid problems), deacrachtaí anála, fadhbanna stéige (intestinal problems) agus murtall (obesity). Bíonn ráta níos airde ná an meán de leoicéime páiste (childhood leukaemia) i gceist ina measc agus bíonn siad níos goilliúnaí ná an meán d'ionfhabhtaithe (infections) éagsúla. Tagann taomanna ar pháistí áirithe Siondróm Down.

Glactar anois níos mó ná riamh le daoine a bhfuil siondróm Down orthu mar ghnáthbhaill den ghnáthphobal. Is iomaí deis atá anois acu lena gcumas iomlán a bhaint amach. Tá scéimeanna agus cláracha oideachais agus sóisialta anois ann a thugann deis do dhaoine a gcuid scileanna éagsúla a fhorbairt is a thugann spreagadh dóibh na buanna atá acu a aithint agus a cheiliúradh.

Fadó, is i scoileanna ar leith a chuirtí oideachas ar pháistí Siondróm Down. Tá sé i bhfad níos coitianta anois gur chuig an scoil áitiúil a théann siad.

Nuair a chloiseann tuismitheoirí den chéad uair go bhfuil siondróm Down ar a bpáiste, is minic go mbíonn meascán mór mothúchán acu i dtaobh an scéil. Is mór an cúnamh dóibh teacht ar eolas cruinn agus teagmháil a dhéanamh leis na grúpaí agus na heagraíochtaí tacaíochta atá ann le cúnamh a thabhairt agus le comhairle a chur orthu.

Tá go leor scéimeanna agus cláracha cabhrach anois ann, scéimeanna ar leith a oireann do pháistí ar leith agus dá gcumas féin. Roinnt páistí, bíonn cúnamh ar leith ag teastáil uathu maidir le scileanna cainte, nó scileanna fisiciúla nó cláracha speisialta oideachais.

Is iomaí páiste Siondróm Down a ghlacann páirt ghníomhach anois i saol a bpobail féin. Glacann siad páirt i ngach leibhéal den chóras oideachais. Faigheann siad jabanna agus bíonn saol neamhspleách acu.

Ba chóir go mbeadh deis ag gach páiste a gcumas iomlán a bhaint amach agus caidreamh agus cairdeas a bheith acu le daoine eile. Seans má oibrímid ar fad le fáil réidh leis na baic atá roimh ár gcuid páistí ar fad, spreagfar iad lena gcumas iomlán a bhaint amach agus a ndícheall a dhéanamh na buanna atá acu a fhorbairt agus a cheiliúradh.

Foilsithe den chéad uair © 2008 ag Gemser Publications S.L.
Barcelona, An Spáinn, faoin teideal "Mi amiga tiene el síndrome de Down".

Leagan Gaeilge © 2010 Futa Fata – an chéad chló

Clóchur Gaeilge: Anú Design

ISBN: 978-1-906907-10-5

An Chomhairle um Oideachas
Gaeltachta & Gaelscolaíochta

Glacann Futa Fata buíochas le COGG –
An Chomhairle um Oideachas Gaeltachta agus Gaelscolaíochta faoi chúnamh airgid
a chur ar fáil d'fhoilsiú na sraithe "Bímis ag Caint Faoi".